Caligrafía

Radiante

Este libro pertenece a:

_____

- -

CastSeller LLC y Anna Brown
Todos los derechos reservados.
ISBN: 9798390249376

Introducción

Estamos muy contentos de que hayas elegido este libro para enseñarle a tu hijo a escribir de forma clara y legible mientras también le ayudas a desarrollar su autoestima.

El libro comienza con actividades de preescritura que ayudarán a los niños a familiarizarse con la forma correcta de escribir cada letra. A continuación, se practicarán las vocales en mayúscula y minúscula, mientras tu hijo dibuja un animal relacionado con la letra que inicia el abecedario, lo que fomentará su creatividad y habilidades motoras.

Una vez que el niño haya practicado todas las letras de forma individual, procederá a trazar y escribir afirmaciones positivas que lo ayudarán a trabajar en su autoconfianza y a tener pensamientos positivos. Esto no solo es importante para su escritura, sino para su desarrollo personal.

Al final del libro, también hay hojas de práctica para que los niños practiquen sus nombres, lo que le permitirá desarrollar una conexión personal con la escritura y fomentar su autoestima.

Estamos emocionados de que puedas compartir esta experiencia de aprendizaje y crecimiento con tu hijo a través de este libro de escritura.

Actividades de preescritura

Ayuda a los carros a completar la ruta y luego colorea.

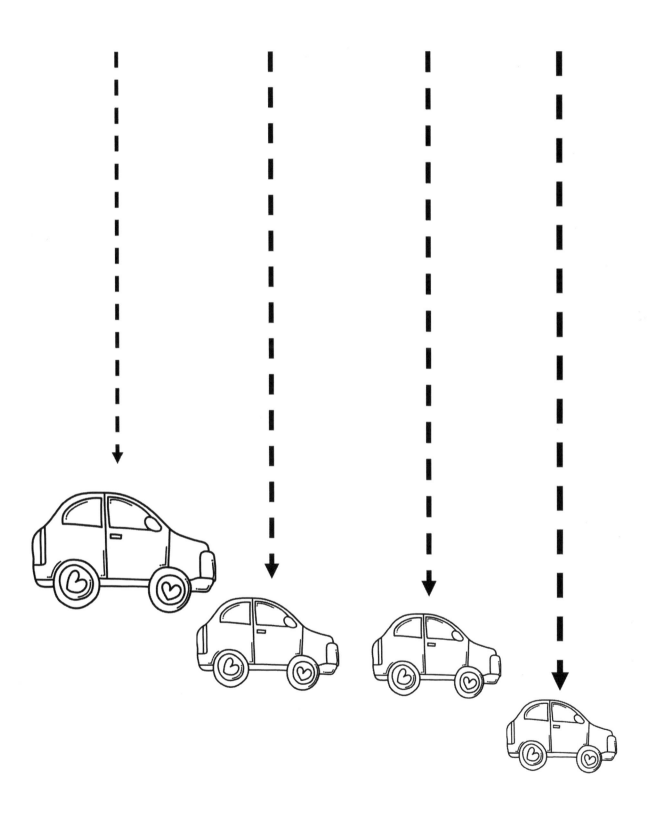

Traza las líneas desde la flecha hasta el círculo oscuro.

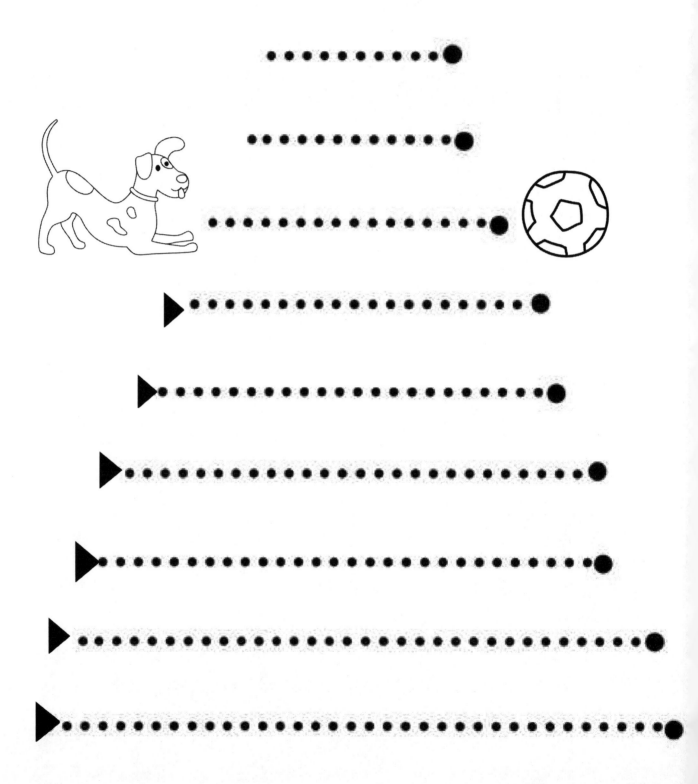

Traza las líneas

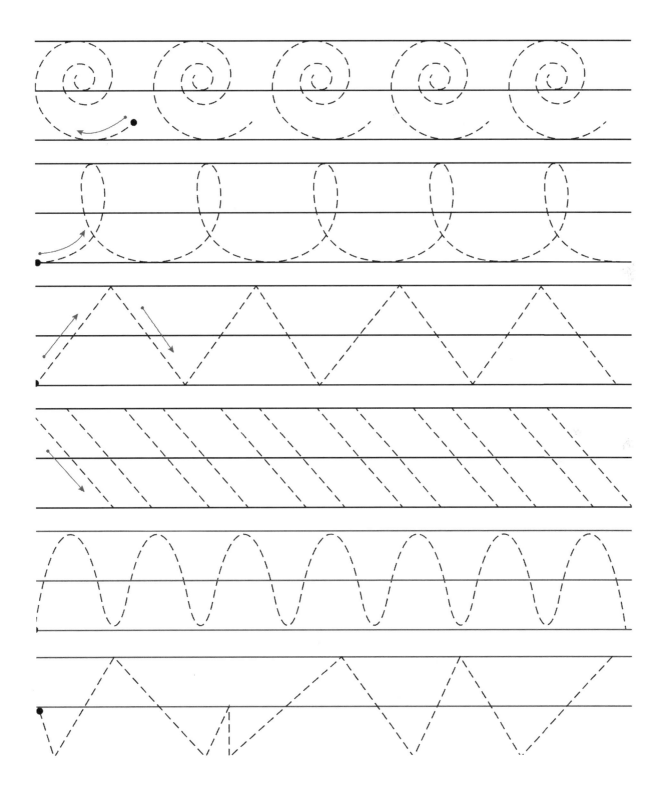

Traza las líneas

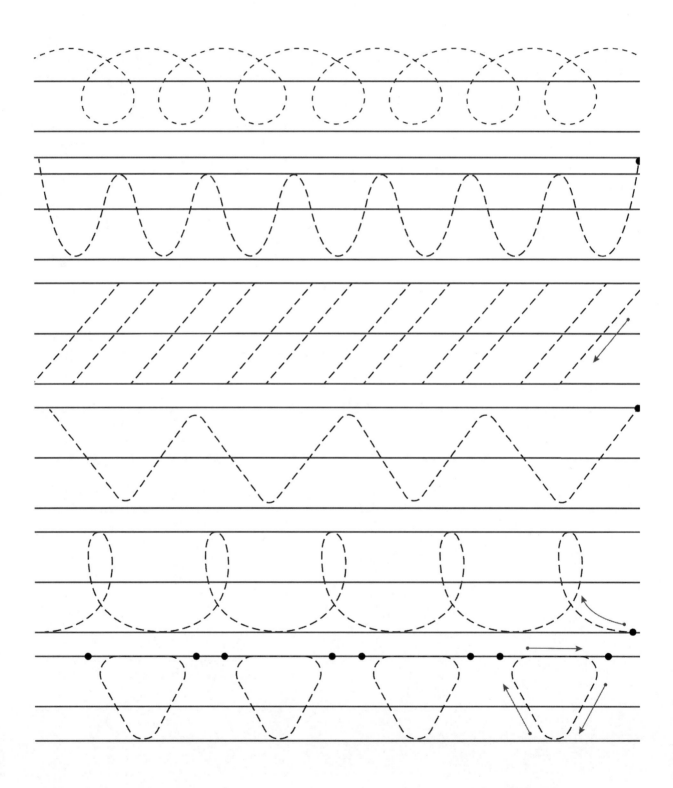

Traza las líneas

Traza las líneas

Traza y cuenta

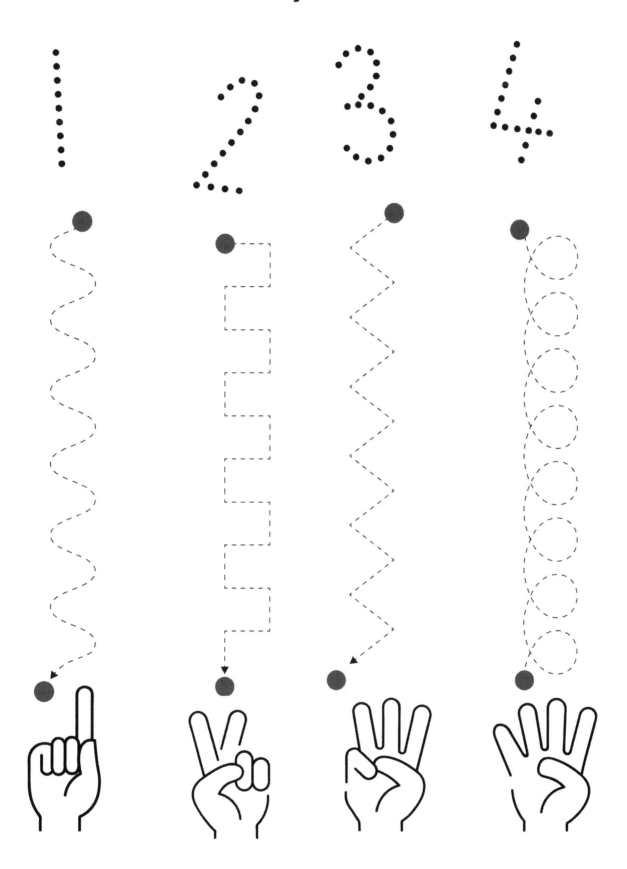

VOCALES

AEIOU

Vocales

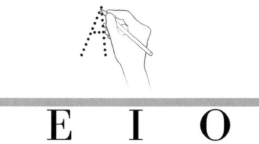

A E I O U

PRACTICA LAS VOCALES EN MAYÚSCULA

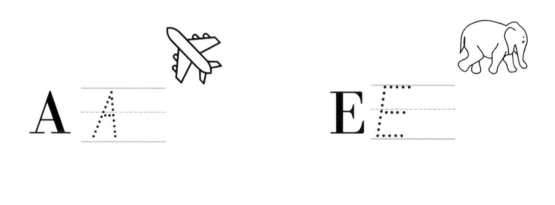

Vocales

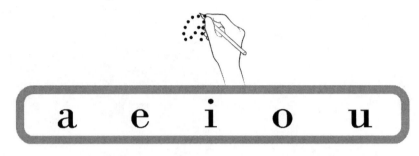

a e i o u

PRACTICA LAS VOCALES EN MINÚSCULAS

a ɑ

e e

i ï

o o

u u

Traza las vocales en mayúscula

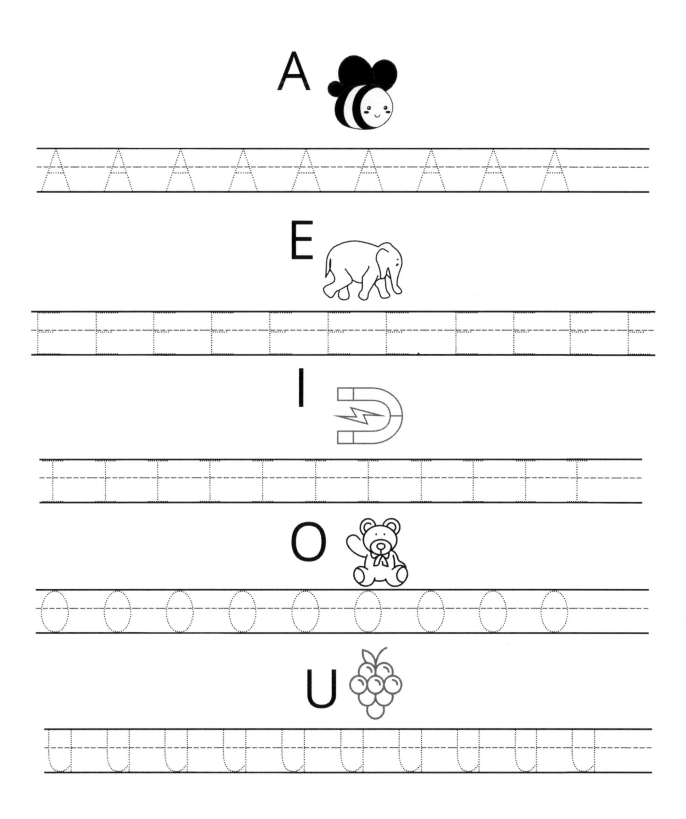

Traza las vocales en minúscula

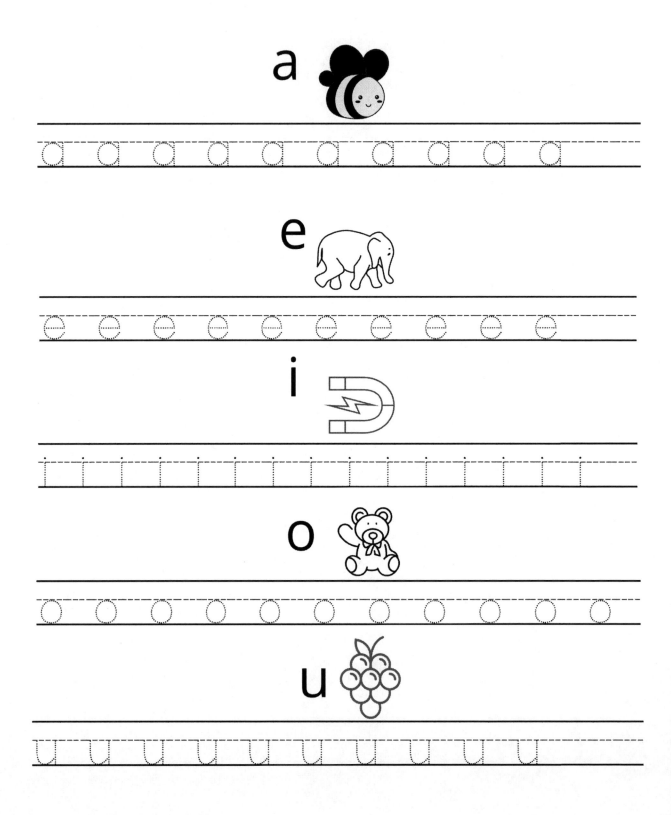

ABECEDARIO

RUEDA EL DADO

Tira el dado. Traza la letra que quedan encima del número que corresponde al dado. Hazlo hasta completar todas las letras en mayúsculas.

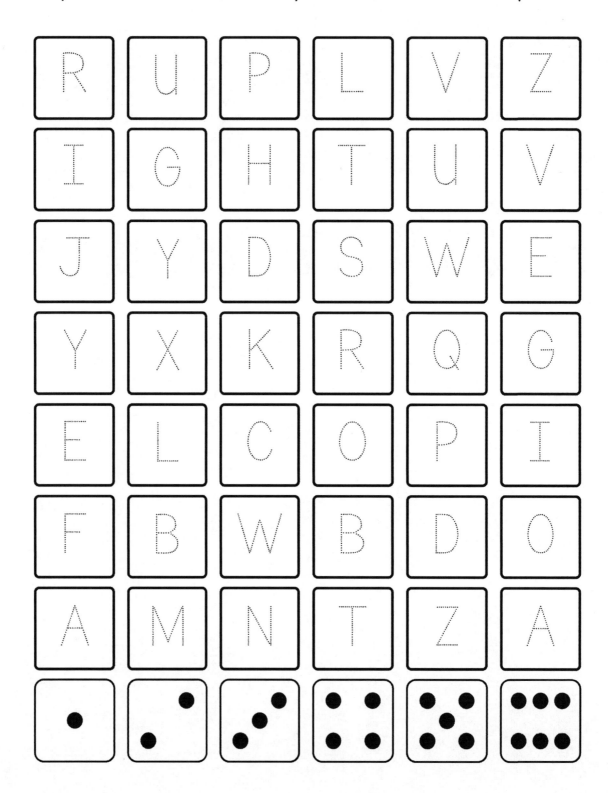

R	U	P	L	V	Z
I	G	H	T	U	V
J	Y	D	S	W	E
Y	X	K	R	Q	G
E	L	C	O	P	I
F	B	W	B	D	O
A	M	N	T	Z	A

RUEDA EL DADO

Tira el dado. Traza la letra que quedan encima del número que corresponde al dado. Hazlo hasta completar todas las letras en minúsculas.

r	u	p	l	v	z
i	g	h	t	u	v
j	y	d	s	w	e
y	x	k	r	q	g
e	l	c	o	p	i
f	b	w	b	d	o
a	m	n	t	z	a

Alfabeto

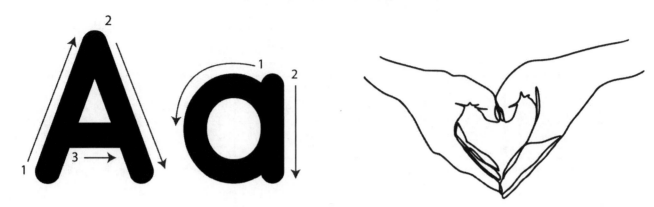

A es para amor

A A A A A A A A

A A A A A A A

a a a a a a

a a a a a a

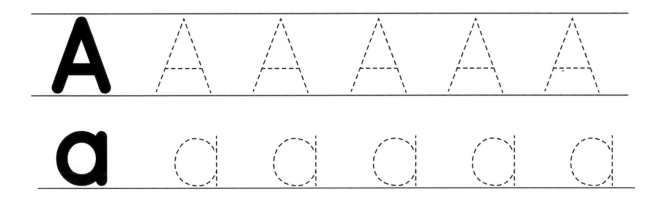

A es para ardilla

Alfabeto

B es para bondad

B B B B B B B

B B B B B B

b b b b b b

b b b b b b

B B B B B B

b b b b b b

B es para ballena

Alfabeto

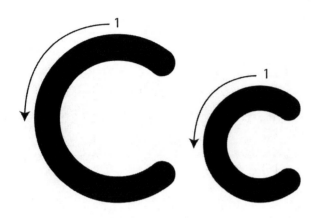 

C es para coraje

C C C C C C C

C C C C C C

c c c c c c

c c c c c c

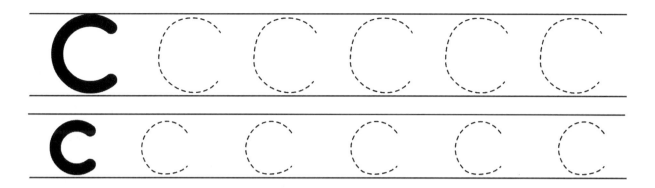

C C C C C C C

c c c c c c c

C es para caballo

Alfabeto

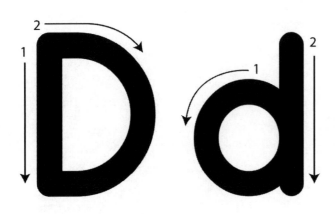 

D es para disciplina

D D D D D D D

D D D D D D

d d d d d d d

d d d d d d

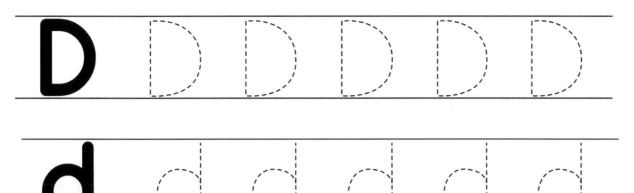

D   D D D D D D

d   d d d d d

D es para delfín

Alfabeto

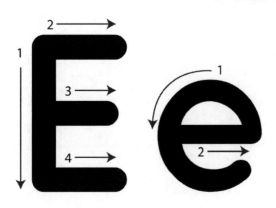 

E es para empatía

E E E E E E

E E E E E E

e e e e e e

e e e e e e

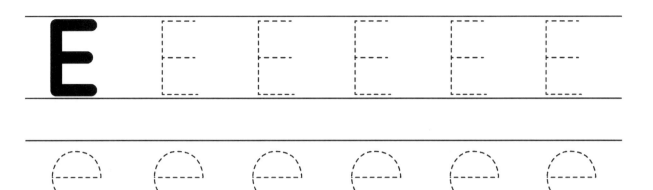

E es para elefante

Alfabeto

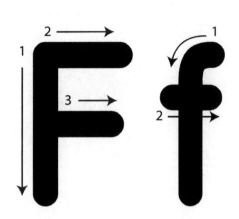 

F es para fortaleza

F

f

F

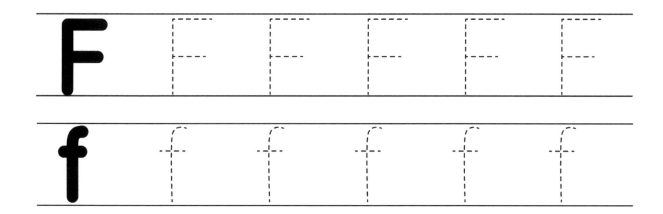

F f

F es para flamenco

Alfabeto

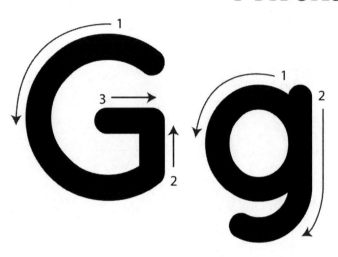

G es para gratitud

G G G G G G G

G G G G G G

g g g g g g g

g g g g g g

G

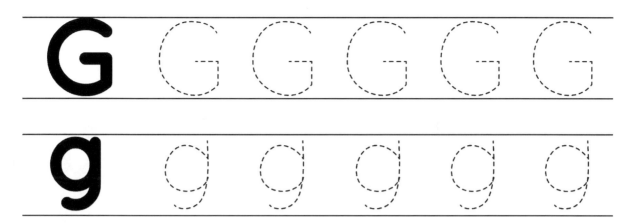

g

G es para gato

Alfabeto

H es para humildad

H

h

H

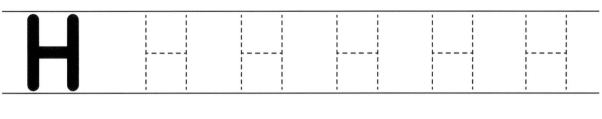

H es para hipopótamo

Alfabeto

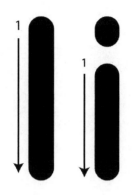 

l es para integridad

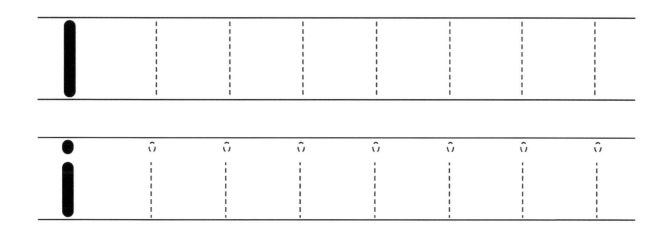

I es para Iguana

Alfabeto

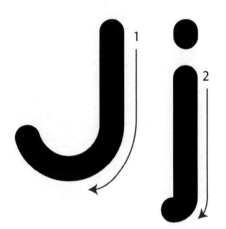 

J es para justicia

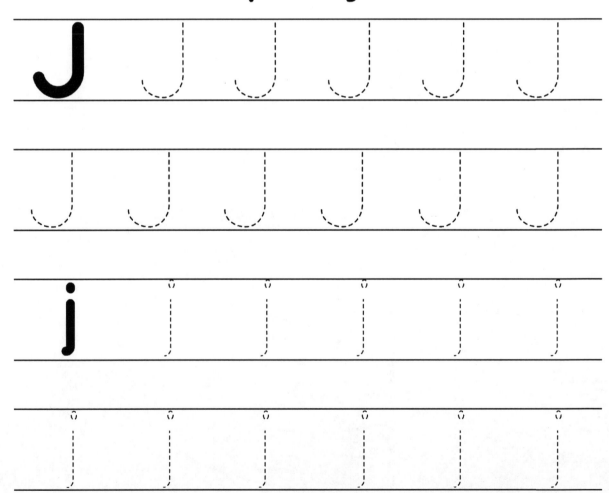

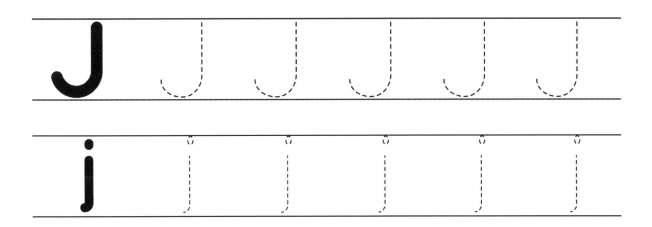

J es para jirafa

Alfabeto

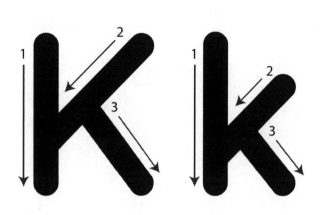 

K es para kárate

K K K K K K K

K K K K K K

k k k k k k

k k k k k k

K K K K K K K

k k k k k k

K es para koala

Alfabeto

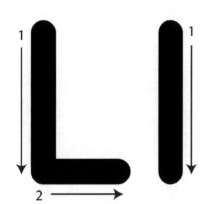 

L es para lealtad

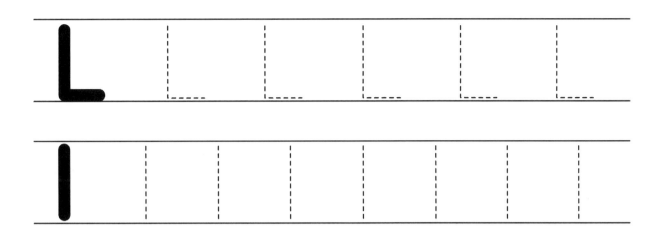

L es para león

Alfabeto

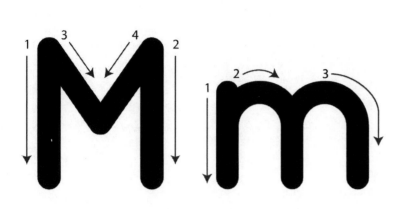 

M es para misericordia

M

M M M M M

M M M M M

m

m m m m m

m m m m m

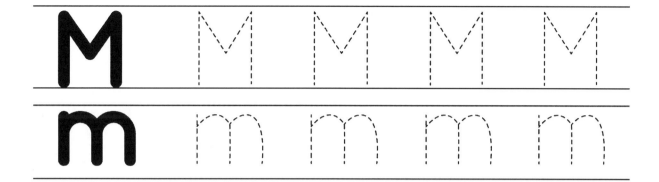

M es para mono

Alfabeto

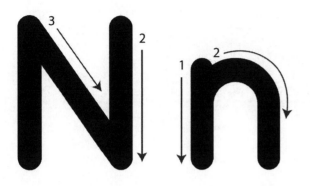 

N es para nobleza

N
n

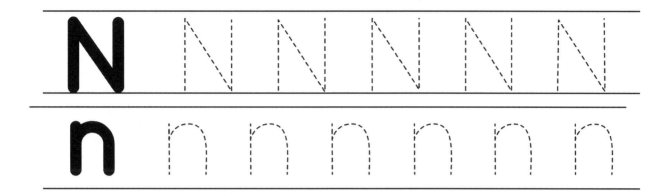

N es para nutria

Alfabeto

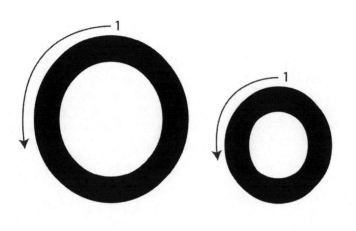

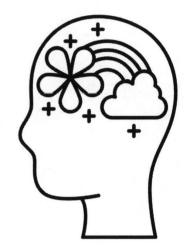

O es para optimismo

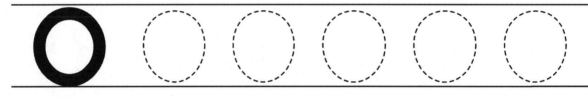

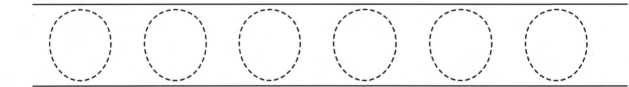

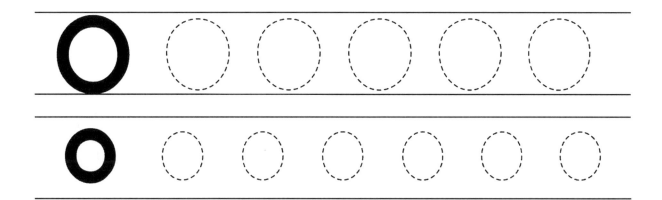

O es para oso

Alfabeto

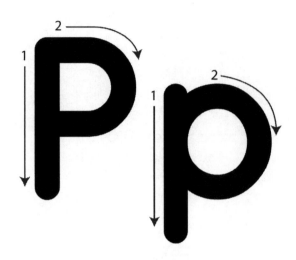 

P es para paciencia

P

P

p

p

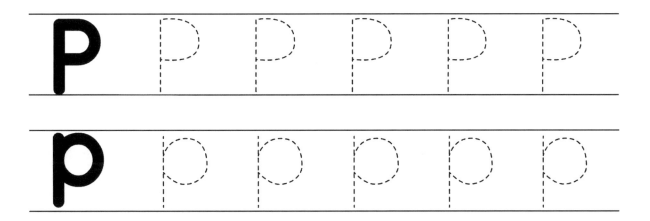

P es para pingüino

Alfabeto

Q es para querer

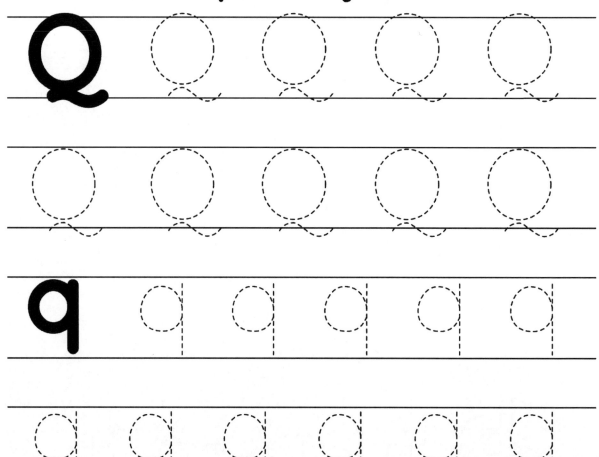

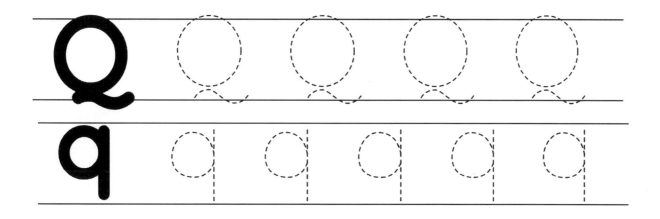

Q es para quokka

Alfabeto

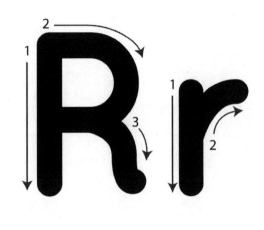 

R es para respeto

R R R R R R R

R R R R R R R

r r r r r r r

r r r r r r r

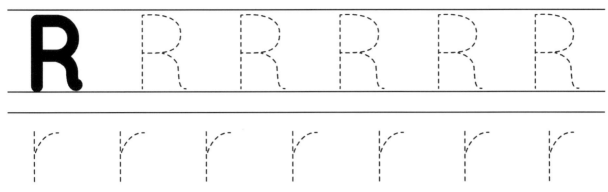

R es para ratón

Alfabeto

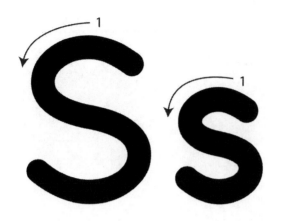 

S es para sinceridad

S S S S S S S

S S S S S S

s s s s s s

s s s s s s

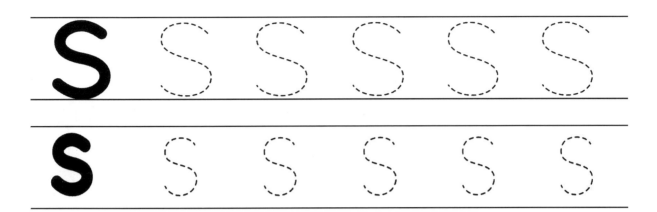

S es para sapo

Alfabeto

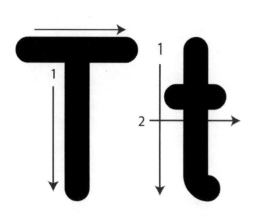 

T es para tolerancia

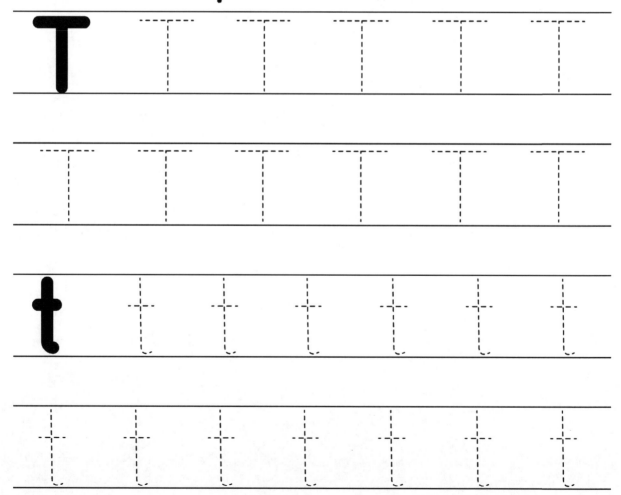

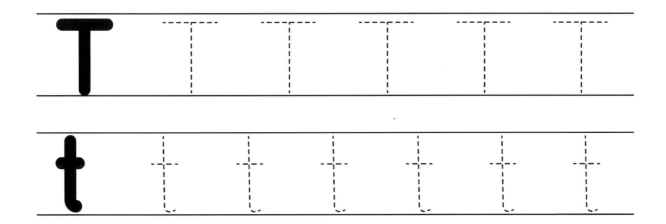

T es para tigre

Alfabeto

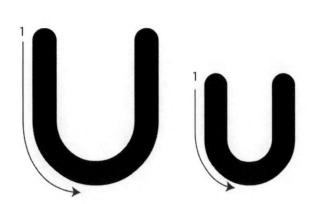

U es para unidad

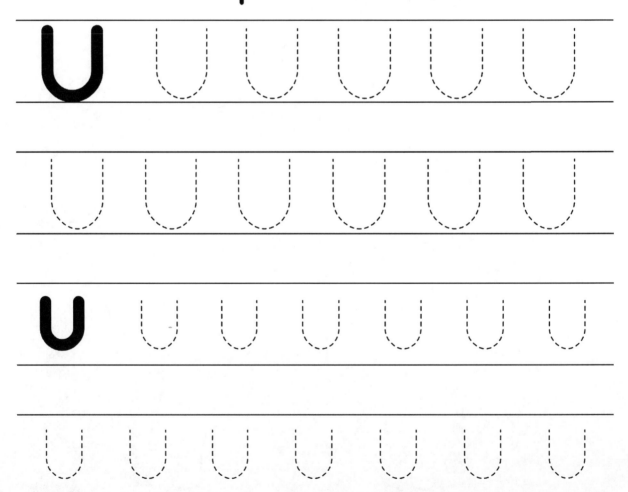

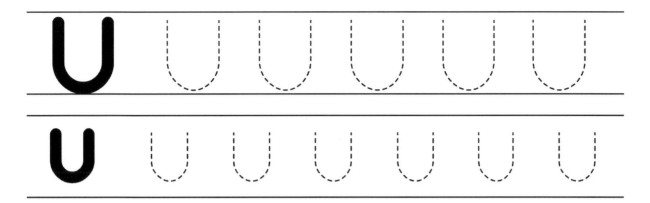

U es para unicornio

Alfabeto

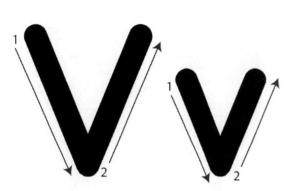

V es para valiente

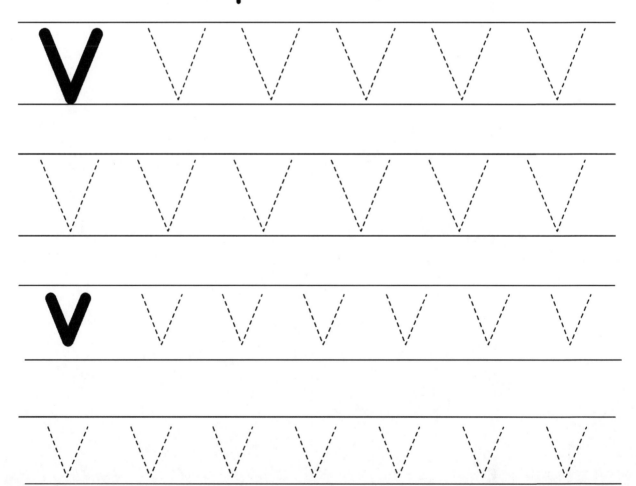

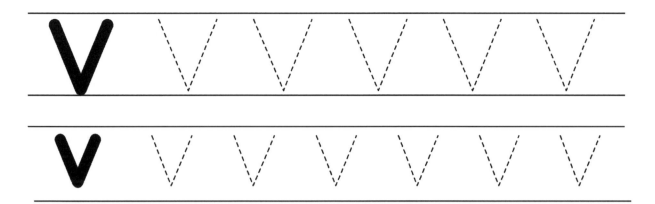

V es para vaca

Alfabeto

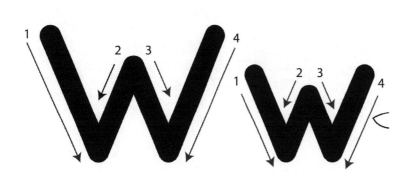

W es para wisdom (sabiduría)

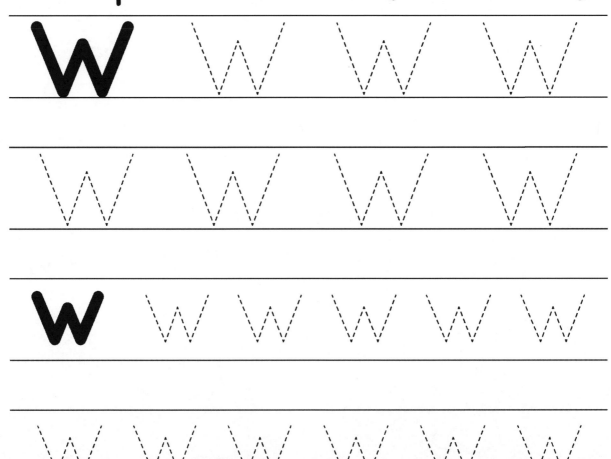

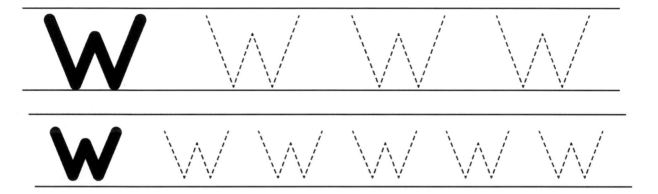

W es para walrus

Alfabeto

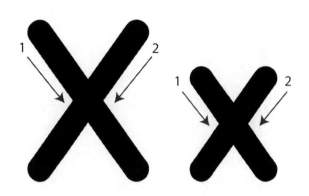 

X es para excepcional

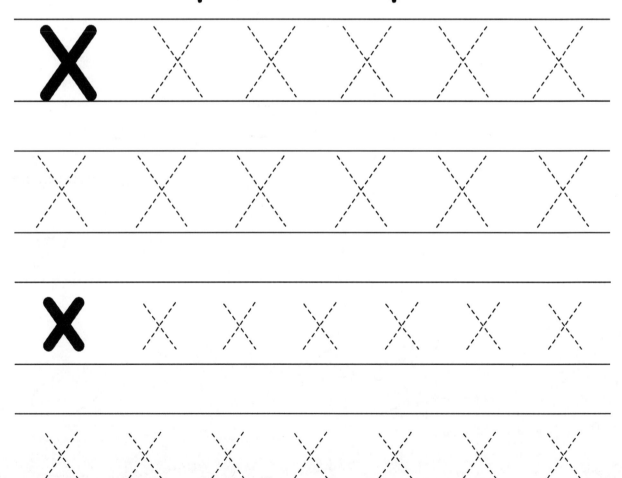

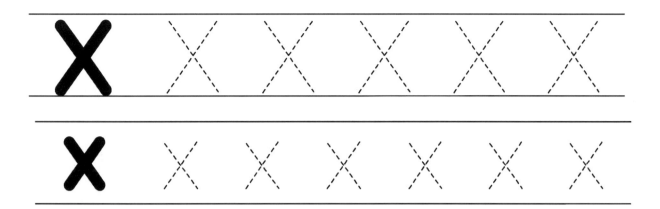

X es para Xantus

Alfabeto

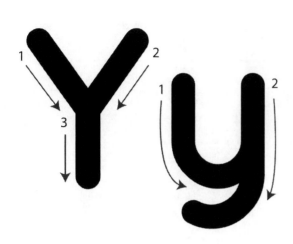 

Y es para yoga

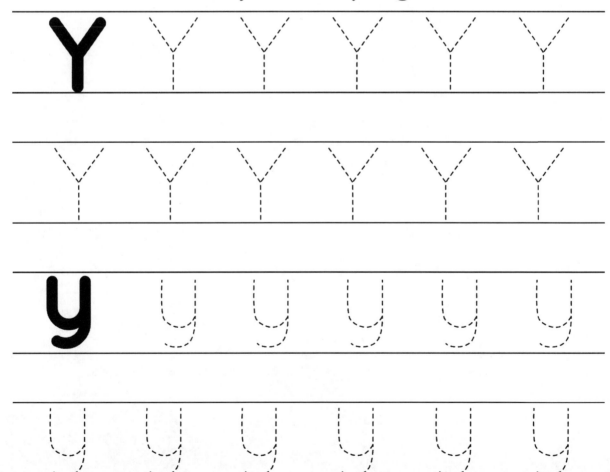

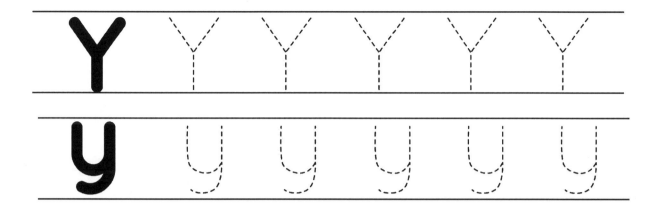

Y es para yak

Alfabeto

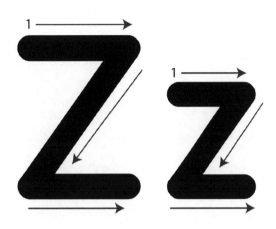 

Z es para zelo

Z

Z

z

Z

Z Z Z Z Z

Z Z Z Z Z Z Z

Z es para zorro

AFIRMACIONES

Aa

Alegre

Yo soy alegre.

Yo soy alegre.

Yo soy alegre.

Yo soy alegre.

Yo soy

Yo soy

Bb

Bondadoso

Yo soy bondadoso.

Yo soy bondadoso.

Yo soy bondadoso.

Yo soy bondadoso.

Yo soy

Yo soy

Cc

Creativo

Yo soy creativo.

Yo soy creativo.

Yo soy creativo.

Yo soy creativo.

Yo soy

Yo soy

Dd

Divertido

Yo soy divertido.

Yo soy divertido.

Yo soy divertido.

Yo soy divertido.

Yo soy

Yo soy

Ee

Entusiasta

Yo soy entusiasta.

Yo soy entusiasta.

Yo soy entusiasta.

Yo soy entusiasta.

Yo soy

Yo soy

Ff

fuerte

Yo soy fuerte.

Yo soy fuerte.

Yo soy fuerte.

Yo soy fuerte.

Yo soy

Yo soy

Gg

Generoso

Yo soy generoso.

Yo soy generoso.

Yo soy generoso.

Yo soy generoso.

Yo soy

Yo soy

Hh

Honesto

Yo soy honesto.

Yo soy honesto.

Yo soy honesto.

Yo soy honesto.

Yo soy

Yo soy

Ll

Inteligente

Yo soy inteligente.

Yo soy inteligente.

Yo soy inteligente.

Yo soy inteligente.

Yo soy

Yo soy

Jj

Justo

Yo soy justo.

Yo soy justo.

Yo soy justo.

Yo soy justo.

Yo soy

Yo soy

Kk

Koinonía

Vivo en koinonía.

Vivo en koinonía.

Vivo en koinonía.

Vivo en koinonía.

Vivo en

Vivo en

Ll

Leal

Yo soy leal.

Yo soy leal.

Yo soy leal.

Yo soy leal.

Yo soy leal.

Yo soy

Mm

Modesto

Yo soy modesto.

Yo soy modesto.

Yo soy modesto.

Yo soy modesto.

Yo soy

Yo soy

Nn

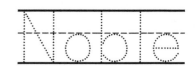

Yo soy noble.

Yo soy noble.

Yo soy noble.

Yo soy noble.

Yo soy

Yo soy

Oo

Optimista

Yo soy optimista.

Yo soy optimista.

Yo soy optimista.

Yo soy optimista.

Yo soy

Yo soy

Pp

Paciente

Yo soy paciente.

Yo soy paciente.

Yo soy paciente.

Yo soy paciente.

Yo soy

Yo soy

Qq

Querer

Me quiero.

Me quiero.

Me quiero.

Me quiero.

Me

Me

Rr

Responsable

Yo soy responsable.

Yo soy responsable.

Yo soy responsable.

Yo soy responsable.

Yo soy responsable.

Yo soy

Ss

Solidario

Yo soy solidario.

Yo soy solidario.

Yo soy solidario.

Yo soy solidario.

Yo soy

Yo soy

Tt

Ternura

Yo soy ternura.

Yo soy ternura.

Yo soy ternura.

Yo soy ternura.

Yo soy

Yo soy

U u

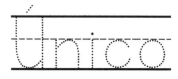

Único

Yo soy único.

Yo soy único.

Yo soy único.

Yo soy único.

Yo soy único.

Yo soy

Vv

Valiente

Yo soy valiente.

Yo soy valiente.

Yo soy valiente.

Yo soy valiente.

Yo soy

Yo soy

Ww

Wisdom

Yo soy sabio.

Yo soy sabio.

Yo soy sabio.

Yo soy sabio.

Yo soy

Yo soy

Xx

Extraordinario

Yo soy extraordinario.

Yo soy extraordinario.

Yo soy extraordinario.

Yo soy extraordinario.

Yo soy

Yo soy

Yy

Yo puedo

Yo puedo.

Yo puedo.

Yo puedo.

Yo puedo.

Yo

Yo

Zz

Paz

Vivo en paz.

Vivo en paz.

Vivo en paz.

Vivo en paz.

Vivo

Vivo

PRÁCTICA TU NOMBRE

Made in United States
Troutdale, OR
12/01/2024